LE NOUVEAU SCAPIN

Gaëlle CHALUDE

Editions ART ET COMÉDIE
2, rue des Tanneries
75013 PARIS

NOTE SUR L'AUTEUR

Gaëlle Chalude est journaliste, comédienne et metteur en scène. Auteur de nombreuses pièces pour enfants et pour adultes, elle apprend le théâtre à de jeunes comédiens comme à de moins jeunes, avec le souci de « coller » aux préoccupations de chaque âge.

Fondatrice en 1998 de la Compagnie des Papelous à Montigny-le-Bretonneux (78), compagnie amateur aux actions multiples, elle écrit des pièces pour les comédiens de sa troupe, les entraînant avec elle dans sa passion du théâtre.

PERSONNAGES

VALÉRIE

GÉRALDINE

SYLVAIN

ROMANE

CATHERINE

ETIENNE

ELISA

HÉLÈNE

CLÉMENTINE

ANNE

INGRID

LUC

THIERRY

KARINE

ACTE I
SCÈNE 1

Géraldine entre en scène. Elle regarde dans la salle : personne. Elle inspecte la scène. Puis elle s'assied par terre et sort des feuilles de son sac à dos. Elle se met à lire, visiblement très concentrée.

Valérie entre en scène. Elle voit Géraldine et s'approche immédiatement d'elle.

VALÉRIE - Y'a personne ?

GÉRALDINE - Ils ne vont pas tarder.

VALÉRIE - Ça va ?

GÉRALDINE - Ça peut aller…

VALÉRIE - Comment ça se fait que tu as pu entrer ? T'avais les clés ?

GÉRALDINE - C'était ouvert.

VALÉRIE - Ah bon ! Comment ça se fait ?

GÉRALDINE - 'Sais pas. C'était ouvert, c'est tout.

VALÉRIE - T'as vu Pascal ?

GÉRALDINE - Non, j'ai vu personne.

VALÉRIE - C'est bizarre… Il est quelle heure ?

GÉRALDINE - Et quart.

Un silence.

VALÉRIE - Tu fais quoi?

GÉRALDINE - Je révise.

VALÉRIE - Ah…

Un silence. Valérie fait les cent pas.

GÉRALDINE - Excuse-moi, Valérie, mais… tu peux pas arrêter de gesticuler?

VALÉRIE - Oui, pardon. *(Un silence.)* Je me demande ce qu'ils font.

GÉRALDINE - Ils vont pas tarder.

Un temps. Puis Catherine entre en scène, théâtrale.

CATHERINE - Pââârdon, pââârdon, pââârdon! Je suis en retard, je sais!

VALÉRIE - S'il n'y avait que toi!

CATHERINE - Ben, y'a personne?

VALÉRIE - Faut croire.

CATHERINE *(en faisant la bise à Valérie)* **-** Comment tu vas, toi?

VALÉRIE - Ça irait mieux si on pouvait commencer!

CATHERINE *(allant faire la bise à Géraldine)* **-** Qu'est-ce qui se passe? Ça a été annulé ce soir?

GÉRALDINE - Je crois pas, ils vont arriver, c'est tout.

VALÉRIE - Ça fait dix minutes que tu dis ça.

GÉRALDINE - Ça fait dix minutes que tu me demandes ce qu'ils font.

VALÉRIE - Faut bien que je meuble, t'es pas très loquace.

GÉRALDINE - Je suis à la bourre.

CATHERINE - Tu m'as surtout l'air de mauvais poil…

GÉRALDINE - J'aime pas les retardataires. Sept heures, c'est sept heures. Avant l'heure, c'est pas l'heure, et après l'heure…

CATHERINE - Holà ! T'as bouffé du lion, toi !

Romane et Sylvain entrent en scène, des paquets dans les mains.

VALÉRIE - Ben, c'est pas trop tôt !

SYLVAIN - Oui, bon, ça va. T'avais qu'à aller les chercher, toi, les accessoires !

VALÉRIE - Je suis pas accessoiriste, moi !

SYLVAIN - Nous non plus !

ROMANE - Où on pose ça ?

SYLVAIN - Là-bas, dans le coin.

ROMANE - Ouh ! j'ai plus de bras ! Pascal n'est pas là ?

GÉRALDINE - Tu l'as vu, toi ? Non, alors, tes questions idiotes…

ROMANE - Charmant… T'es encore mal lunée, toi !

GÉRALDINE - Je bosse.

SYLVAIN - Que ça ne t'empêche pas de nous dire bonjour !

GÉRALDINE *(sans lever les yeux)* **-** Bonjour.

ROMANE - Comment vous êtes entrés, si Pascal n'est pas là ?

VALÉRIE - Paraît que la porte était ouverte.

SYLVAIN - C'est pas bon, ça. Vous avez été voir dans les locaux s'il ne manque rien ?

CATHERINE - Je te rappelle que c'est Pascal qui a la clé des locaux.

7

SYLVAIN - Pas s'ils ont été forcés. Je vais voir.

CATHERINE - Je viens avec toi.

Etienne, Hélène et Elisa entrent en scène à vélo. Ils les posent en fond de scène.

ETIENNE - Désolés pour le retard. Elisa a déraillé.

GÉRALDINE - C'est la totale, ce soir.

HÉLÈNE - Bonjour le plan! On était en pleine montée de l'avenue du Perche, et zing! la chaîne par terre!

ELISA - En plus, les deux zouaves, là, ils roulaient devant et ils ne m'entendaient pas les appeler!

GÉRALDINE - Passionnant. Vous n'avez pas croisé Pascal?

HÉLÈNE - T'es de bon poil, toi, dis-moi... Non, pas de Pascal. Il n'est pas avec vous?

GÉRALDINE - Je ne te poserais pas la question.

HÉLÈNE - Super! Géraldine est de bonne humeur!

ETIENNE - Sympa l'ambiance. Mais, dites donc, on est que ça?

VALÉRIE - Sylvain et Catherine sont allés voir si personne n'aurait forcé les locaux, parce que Pascal n'était pas là quand on est arrivé et la porte était ouverte.

ELISA - Oh! c'est pas bon, ça!

ROMANE - C'est ce qu'on a dit.

SYLVAIN *(en revenant avec Catherine)* - Ah! vous êtes là! Bon, tout va bien, les locaux sont fermés à clé.

ELISA - Qui manque-t-il?

ROMANE - Ben, Clémentine, Karine, Anne...

HÉLÈNE - … Ingrid, Luc et Thierry.

Clémentine, Anne, Ingrid et Luc entrent.

CLÉMENTINE - Nous sommes navrés ! On a été retenus par le prof de géo après le conseil.

SYLVAIN - Alors ?

CLÉMENTINE - Peut mieux faire.

ELISA - Qui ?

CLÉMENTINE - Tout le monde.

ETIENNE - Super.

INGRID - Ben, Pascal n'est pas là ?

ROMANE - Non, mais la porte était ouverte.

LUC - Ah bon ! Et qu'est-ce qu'on fait alors ?

ETIENNE - Il manque encore Thierry. Il est malade ?

ANNE - Oh non ! Je l'ai croisé tout à l'heure qui sortait de son entraînement de foot.

GÉRALDINE - Ben, alors il va pas tarder.

VALÉRIE - La vache ! T'as qu'une expression à ton vocabulaire, toi !

GÉRALDINE - J'essaie de réviser et vous faites du bruit.

ETIENNE - Excuse-nous d'exister.

LUC - Bon, ça va, on va pas s'engueuler sous prétexte que « Géralde » nous fait un cake aujourd'hui !

ELISA - Quelqu'un a son numéro, à Pascal ?

ANNE - Je dois l'avoir noté quelque part. *(Elle fouille dans son sac à dos.)*

CLÉMENTINE - Et le numéro de Thierry?

ELISA - Ça sert à rien d'appeler Thierry si Pascal ne vient pas.

ANNE - Enfin, si, parce qu'ils sont voisins. Si Pascal a oublié le rendez-vous, Thierry peut peut-être aller le chercher chez lui... s'il n'est pas déjà en route.

CLÉMENTINE - Pascal ou Thierry?

ANNE - Les deux.

Thierry entre, une lettre à la main.

THIERRY - Inutile, je suis là. *(« Ah! » général.)* Oui, mais j'ai une mauvaise nouvelle.

CLÉMENTINE - Qu'est-ce qu'il y a?

THIERRY - C'est Pascal.

ELISA - Il a eu un accident?

THIERRY - Non, non, c'est pire...

HÉLÈNE - Pire qu'un accident? Il est... Il est...

THIERRY - Ah non! Il n'est pas mort. Doucement, là! Faut pas aller si vite en besogne! Mais pour nous, y'a un hic.

LUC - Accouche.

THIERRY - Il arrête.

TOUS - Quoi?!

THIERRY - Ouais. Il en a marre. Son boulot, sa femme, sa fille, tout ça... Il est crevé. On le fait chier. Il veut tout arrêter.

SYLVAIN - Et il pouvait pas venir nous dire ça en face?

ROMANE - Il t'a appelé?

THIERRY - Tu parles ! Y'avait ça dans ma boîte, ce soir. *(Il sort une lettre.)* C'est mes parents qui me l'ont passée quand je suis rentré. J'ai essayé d'aller le voir, j'ai frappé à sa porte, mais il était parti.

INGRID - Comme ça ? Du jour au lendemain ?

THIERRY - En ce moment, il est en Californie avec sa petite famille. Il paraît qu'il avait prévu ça depuis longtemps. Il a pris un mois de congés sans solde, et il nous plante là.

HÉLÈNE - J'y crois pas ! Il pouvait pas nous dire ça la semaine dernière ?

ETIENNE - Tu parles, il a pas eu le courage !

ANNE - Ah ! le chien !

INGRID - La pourriture, oui !

CATHERINE - Oh ! le salaud !

LUC - Le faux frère !

ANNE - Bon, vous allez pas faire toutes les insultes du dico des gros mots ! Qu'est-ce qu'on fait maintenant ?

INGRID - Ben, qu'est-ce que tu veux qu'on fasse ? On rentre tous chez nous… Et on attend l'année prochaine pour trouver un cours de théâtre qui nous prenne.

CLÉMENTINE - La vache ! Six ans avec Pascal et tu veux qu'on aille travailler avec quelqu'un d'autre ? Non, moi j'abandonne.

LUC - Et qui va nous rembourser nos cotisations ?

ELISA - Mais qu'est-ce qui lui a pris ?

CLÉMENTINE - Si vous voulez mon avis, il en a eu marre de nos conneries. Tous les mardis soir à se battre pour avoir le silence… Si vous voyez ce que je veux dire… *(Il lance un regard noir à Luc.)*

Luc - Est-ce que tu serais en train de sous-entendre qu'il n'y avait que moi qui discutais pendant les ateliers?

Clémentine - Ben, si tu n'avais pas utilisé l'atelier comme LE lieu où tu draguais Ingrid…

Ingrid - Hein?! Non, mais ça va pas ou quoi? Je te signale que je savais mon texte bien avant toi!

Brouhaha.

Sylvain - Attendez! Bon, c'est vrai que ça fait six ans qu'on en faisait avec Pascal, mais, à part Elisa et Luc, on a tous commencé la même année. Alors ça fait six ans qu'on travaille ensemble aussi.

Hélène - Ah oui, Sylvain! Ça c'est de l'analyse!

Sylvain - T'écoutes jusqu'au bout, après tu te marres, O.K.? Bon, alors ça veut dire qu'on sait comment Pascal bossait. On sait bosser ensemble.

Romane - Ça avance à pas de géant!

Sylvain - On n'a qu'à continuer.

Anne - Continuer? Tout seuls?

Sylvain - Et alors? On n'est pas manchots!

Clémentine - Oui, mais il nous faut un metteur en scène!

Ingrid - On vote.

Catherine - Absolument. Que ceux que ça intéresse lèvent la main, et on vote, comme ça, franchement, sans hypocrisie. *(Thierry, Géraldine, Karine et Etienne lèvent la main.)* O.K. Pour Thierry?… Pour Géraldine?… Karine?… Etienne?…

Romane - Ben, y'a plus de voix pour Etienne…

Anne - Tout le monde est d'accord pour Etienne? *(« Oui » général.)* Alors on y va! Il faut bien nous organiser.

ETIENNE - Merci. Mais Pascal devait nous donner la fin de la pièce cette semaine…

ANNE - Eh ben, on en choisit une autre et on s'y met.

ETIENNE - O.K. Allez, on va monter un spectacle du tonnerre !!!

NOIR

SCÈNE 2

Tous sont réunis autour d'Etienne, qui tient « Les fourberies de Scapin » dans les mains. Ils font une lecture.

SYLVAIN - « Hélas ! Quelle bonté ! Mais est-ce de bon cœur, Monsieur, que vous me pardonnez ces coups de bâton que… »

THIERRY - « Eh ! oui. Ne parlons plus de rien ; je te pardonne tout, voilà qui est fait. »

SYLVAIN - « Ah ! Monsieur, je me sens tout soulagé depuis cette parole. »

THIERRY - « Oui, mais je te pardonne à la charge que tu mourras. »

SYLVAIN - « Comment, Monsieur ? »

THIERRY - « Je me dédis de ma parole, si tu réchappes. »

SYLVAIN - « Ahi ! Ahi ! Voilà mes faiblesses qui me reprennent ! »

LUC - « Seigneur Géronte, en faveur de notre joie, il faut lui pardonner sans condition. »

13

THIERRY - « Soit. »

LUC - « Allons souper ensemble, pour mieux goûter notre plaisir. »

SYLVAIN - « Et moi, qu'on me porte au bout de la table, en attendant que je meure. »

ETIENNE - Voilà. Vous pensez toujours que c'est ringard de jouer du Molière ?

GÉRALDINE - Personnellement, je trouve ça nul.

HÉLÈNE - Et puis on est trop nombreux.

ETIENNE - Mais justement ! On échange, comme on vient de le faire, le Scapin et les autres personnages importants.

SYLVAIN - J'peux garder Scapin ?

ETIENNE - On verra. Alors, je pense qu'on devrait voter et s'y mettre vite ou laisser tomber et prendre autre chose. Pour ? *(Tous lèvent la main sauf Géraldine.)* Contre ? *(Géraldine lève la main.)* Il faut que la majorité l'emporte, ma vieille.

GÉRALDINE - Je préférais quand c'était Pascal.

ANNE - Ben tant pis pour toi.

ELISA - De toute façon, on n'a pas intérêt à passer notre temps à faire des comparaisons, sinon on peut tout de suite jeter l'éponge.

ANNE - Absolument. On a dit Etienne, c'est Etienne. Alors oublions Pascal et tout le monde écoute Etienne.

ROMANE - Bon, alors, on commence quand ?

ETIENNE - Eh bien, je vais faire la distribution et on y va.

CLÉMENTINE - Le plus ennuyeux dans tout ça, c'est que « Scapin », c'est quand même quatre-vingt-dix pour cent de mecs. Géronte, Argante, Scapin, Sylvestre, Léandre, Octave… Il n'y a que deux nanas, et nous on est dix.

Karine - C'est toujours comme ça. Le théâtre est écrit pour des mecs.

Ingrid - C'est pour ça que Pascal écrivait nos pièces.

Elisa - On a dit qu'on ne parlait plus de Pascal. Alors on n'a qu'une solution : jouer des mecs.

Etienne - Bon, laissez-moi réfléchir. Alors, Sylvain, tu restes Scapin. Et on n'en change pas.

Géraldine - Ben, je croyais… Ça change tout le temps, si je comprends bien.

Etienne - Géronte, c'est Luc et… Hélène. Argante, c'est Thierry et… Anne. C'est plus facile, en vous maquillant, de faire des vieux. Les vieux, ça n'a pas de sexe…

Catherine - Réflexion intelligente.

Etienne - Façon de parler. Toi, Catherine, tu joues Léandre avec Valérie ; et Octave, c'est Romane et Ingrid. On va ne garder qu'une seule Zerbinette et une seule Hyacinte. Géraldine, t'es Zerbinette ; Clémentine, Hyacinte.

Elisa - Et moi, je joue pas ?

Etienne - Tu joues… Sylvestre. Tout le monde est d'accord ? *(Brouhaha d'approbation.)* Bon, alors on découpe la pièce.

NOIR

Scène 3

Etienne est dans la salle avec les autres, sauf Romane et Elisa. Répétition de la scène 1 de l'acte I.

ROMANE *(ajoutant des « e » muets)* - « Ah! Fâcheuseu nouvelles pour un cœur amoureux! Dureuz extrémités où je me vois réduit! Tu viens, Sylvestre, d'apprendre au port que mon pèreu revient? »

ELISA - « Oui. »

ROMANE - « Qu'il arriveu ce matin même? »

ETIENNE - Eh, non! Mais c'est quoi, ça?

LES DEUX FILLES - Quoi?

ETIENNE - Ces « e » muets à tous les mots? *(Les autres rient.)* Chut! *(Brouhaha.)* Romane, depuis quand tu prononces les « e » muets?

ROMANE - Depuis qu'on joue du classique. Tu vas jamais en cours, toi?

ETIENNE - Je vois pas le rapport.

ROMANE - C'est comme ça qu'on le dit, le texte, en cours.

THIERRY - Je ne le crois pas, ça! Hé, Dugland, on n'est pas en cours! T'as pas remarqué?!

ETIENNE - Tais-toi, Thierry, c'est moi le metteur en scène.

INGRID - On a la grosse tête dès le début, Etienne?

ETIENNE - Dis donc, Ingrid, t'es arrivée avec un quart d'heure de retard, alors boucle-là.

ROMANE - Bon, je fais comment?

ETIENNE - Tu dégages les « e ». On reprend.

ANNE - On a à peine commencé.

Il reprennent la scène.

ROMANE - « Ah ! Fâcheuses nouvelles pour un cœur amoureux ! Dures extrémités où je me vois réduit ! Tu viens, Sylvestre, d'apprendre au port que mon père revient ? »

ELISA - « Oui. »

ROMANE - « Qu'il arrive ce matin même ? »

ETIENNE - Bon, il faut que tu sois en train de faire les cent pas, Romane. Il est très nerveux, l'Octave.

ELISA - Et moi, je fais quoi ?

ETIENNE - Je verrai après.

ELISA - Ah bon ! Alors, je glande là, comme une abrutie, à attendre que Romane ait fini de bouger ?

ETIENNE - Mais attends un peu ! Vous n'avez sorti que trois répliques !

ROMANE - Normal, t'arrêtes pas de nous stopper !

LUC - A ce rythme-là, on pourra tous jouer Géronte dans l'âge du rôle quand on donnera la première !

ETIENNE - Ouais, ben, je fais ce que je peux. On reprend.

ROMANE *(s'exécutant)* **-** « Ah ! Fâcheuses nouvelles pour un cœur amoureux ! Dures extrémités où je me vois réduit ! Tu viens, Sylvestre, d'apprendre au port que mon père revient ? »

ELISA - « Oui. »

ROMANE - « Qu'il arrive ce matin même ? »

Elisa s'arrête.

ETIENNE - Et alors !?

ELISA - Ben, je sais pas, moi. On continue ?

ETIENNE - Evidemment !

SYLVAIN - Hé ! on se calme !

ETIENNE - Merde.

ROMANE - Hem, hem… Enchaîne, Elisa…

ELISA - « Ce matin même. »

ROMANE - « Et qu'il revient dans la rélosution de me marier ? »

Rires des autres.

ETIENNE - Ré-so-lution !

ROMANE *(qui retient un rire)* - J'ai dit quoi ?

TOUS - « Rélosution » !!! *(Ils rient.)*

ETIENNE *(s'apprêtant à sortir)* - Bon, si c'est comme ça…

ROMANE - Ecoute, je comprends rien, moi, à ce qu'ils disent, ces mecs. On pourrait pas les faire parler comme aujourd'hui ? Heu… « Et qu'il revient avec l'intention de me marier », par exemple ?

HÉLÈNE - Oh non ! On pourrait carrément les faire parler comme nous !

CATHERINE - Ouais, ça serait un nouveau Scapin !

ETIENNE - Et puis quoi encore ? Molière va se retourner dans sa tombe !

LUC - Et alors ? Ça fait depuis le dix-septième siècle qu'il est dans la même position ! Ça soulagerait ses courbatures !

Rires de tous.

ETIENNE *(riant avec les autres)* - Tu parles ! Avec le nombre de mauvaises troupes qui ont monté ses pièces ! Il n'arrête pas de bouger, oui !

VALÉRIE - La tombe de Molière, c'est un lit vibrant !

ROMANE - Bon, on fait quoi ?

ETIENNE - Ben… O.K., on change le texte. On va l'actualiser. Ça nous permettra de pas avoir à demander l'autorisation des ayants droit sur la pièce.

THIERRY - On s'en fout, c'est trop vieux, Molière, c'est du domaine public !

ETIENNE - Ouais, ben, il faut réécrire la pièce, alors. Ça va pas arranger nos affaires, pour les dates du spectacle…

NOIR

SCÈNE 4

Tous sont en scène sauf Elisa et Catherine.

SYLVAIN - « Qu'est-ce que c'est, Octave ? Qu'est-ce que vous avez ? Qu'est-ce qui se passe ? Je vous vois tout troublé. »

INGRID - « Ah ! mon pauvre Scapin ! Je suis déboussolé, je suis dégoûté, je suis le plus gore de tous les mecs ! »

SYLVAIN - « Comment ? »

CLÉMENTINE - Quand même, c'est bizarre comme traduction, non ?

VALÉRIE - Laisse causer…

19

INGRID - « T'es pas au courant pour moi ? »

SYLVAIN - « Non. »

INGRID - « Mon père se pointe avec le seigneur Géronte, et ils veulent me marier. »

SYLVAIN - « Eh ben, je vois pas le problème ! »

CLÉMENTINE - Non, mais tout de même, je m'étonne que vous laissiez à ce point dénaturer le texte de Molière !

INGRID - De toute façon, c'est pas grave, on la jouera jamais c'te pièce.

ETIENNE - Ah bon ! Et on peut savoir pourquoi ?

INGRID - On n'est qu'à la scène 2 et je comprends toujours pas comment on va faire croire aux spectateurs que Romane, qui fait aussi Octave, est le même personnage que moi…

VALÉRIE - Et puis, de toute façon, moi je trouve ça glauque de devoir rester assis pendant une heure à attendre que ces messieurs-dames aient fini de répéter leur « scè-scène » et qu'on puisse démarrer.

SYLVAIN - Attends, on vient juste d'avoir le texte réécrit ! Tu permets qu'on s'y fasse ?

VALÉRIE - Moi je disais ça…

GÉRALDINE - Elle a raison : il faut vous faire au langage dix-septième, il faut vous faire au langage vingtième siècle… A quoi il faut vous faire encore ?

SYLVAIN - A ta tronche de chameau.

HÉLÈNE - Moi, je trouve ça chiant comme mise en scène. Ça bouge pas.

ETIENNE - Attends un peu, quoi ! Je suis pas metteur en scène de naissance, moi ! Un peu de patience, ça t'arracherait la gueule ?

Hélène - Eh ben, si Pascal nous avait parlé comme ça…

Etienne - Je ne suis pas pascal !

Thierry - Laisse-les parler, Etienne, ils sont complètement bouchés.

Anne - Tu le fais exprès ou quoi, Thierry ? Qu'est-ce que t'as besoin de lécher les bottes à Etienne ?

Clémentine - « D'Etienne. »

Anne - Pardon ?

Clémentine - On lèche pas les bottes « à »… On lèche les bottes « de ».

Anne - Je t'ai rien demandé.

Etienne - Bon, ça suffit, on reprend. Ingrid, tu dégages « seigneur », O.K. ?

Ingrid - Dans « seigneur Géronte » ? O.K. *(Elle reprend.)* « Hélas ! Tu ne sais pas pourquoi je suis inquiet. »

Sylvain - « Non, mais tu vas me le dire. Et je peux te consoler, je m'intéresse aux histoires des jeunes. »

Clémentine - Mais dites donc, là… Il est marqué que dans cette scène, il y a Scapin, Octave et Sylvestre.

Romane - Qui est-ce qui joue Sylvestre, déjà ?

Thierry - Elisa. Elle est pas là.

Anne - Elle est malade ?

Valérie - Ça m'étonnerait, je l'ai vue ce matin. Elle allait très bien.

Géraldine - Bon, ben, elle sèche, c'est tout. On peut reprendre ? J'aimerais bien entrer en scène, moi.

INGRID - Tu permets, oui ? Y'a pas que toi, ici, que je sache…

SYLVAIN - Ah ! mais je crois qu'elle devait arriver en retard, rapport à Julien qui la ramenait en moto et qui pouvait pas…

ÉTIENNE - Elle peut pas prévenir, des fois, non ?

CLÉMENTINE - Au fait, mais Catherine non plus n'est pas là !

ROMANE - Qui c'est Julien ?

ÉTIENNE *(hors de ses gonds)* **-** ON PEUT REPRENDRE OUI OU NON ?!

ROMANE - Oui… Bon, ben, ça va ! Je t'informe, c'est tout. C'est le bagne ici. Je préférais quand…

THIERRY - Oui, bon, on le sait que tu préférais Pascal. Mais Pascal, tu vois, il n'est pas près de revenir, alors boucle-la.

ROMANE - Dis donc, mon vieux, tu sais que tu commences à me chauffer ?

ÉTIENNE *(sortant)* **-** Oh ! et puis merde !

> *Un temps. Luc, qui était resté en retrait depuis le début de la scène, se lève.*

LUC - Ah ! vous êtes contents de vous, maintenant ? Moi je ne comprends pas. C'est vous qui avez voté pour Etienne comme metteur en scène et vous refaites comme avec Pascal. Sans déconner, si vous vous posiez la question de savoir pourquoi Pascal s'est tiré… Essayez de vous regarder un peu mieux le nombril et vous comprendrez ! Non mais vous vous êtes vus ? Vous êtes des mômes, des loupiots crétins, qui faites jouer le rôle du méchant à celui que vous avez désigné comme le bouc émissaire par un vote quasi unanime. Moi je ne reste pas dans cette troupe si vous savez pas écouter trois secondes le metteur en scène ! Si vous voulez pas la monter cette pièce, dites-le et on arrête là les frais. Mais votre délire, il faudra pas le regretter le 12 juin, quand on vous demandera pourquoi vous la présentez pas, cette foutue pièce. *(Il sort.)*

22

Thierry - Il a raison. Y'en a marre à la fin de toutes vos crises de ras-le-bol. Vous en avez ras-le-bol ? Eh ben, laissez-nous bosser. Vous voulez la monter, la pièce ? Conduisez-vous comme des comédiens. *(Il est hué.)* Allez vous faire voir ailleurs. *(Il sort et bouscule Catherine qui entre, suivie d'Elisa.)*

Catherine - Holà ! Les mecs quittent le navire ? Qu'est-ce qui se passe ? On vous entend hurler depuis le parking !

Elisa - Où il va Etienne ? On répète pas, ce soir ?

Géraldine - T'as vu l'heure ?

Elisa - Ben, quoi ? Julien m'a raccompagnée et on a croisé Catherine qui venait à pied, rapport à son père qu'a le pied dans le plâtre et qui peut pas conduire, alors…

Ingrid - Tu crains, ma vieille, tu crains !

Sylvain - Comment, elle craint ? On craint tous.

Géraldine - Eh ! j'ai rien dit, moi !

Sylvain - Toi autant que les autres.

Catherine - Punaise, c'est la soirée d'autocritique ? C'est quoi ces têtes d'enterrement ? On n'a plus à se farcir Pascal et ses sermons et ça vous convient toujours pas ? Et les discussions qu'on avait, le soir, après qu'il soit parti avec sa petite dodoche bleue, quand il nous avait tous mis en file indienne sur le bord de la scène pour nous sermonner ? Vous avez oublié ? Vous avez oublié ce que vous disiez ? Hé ! vous perdez les pédales, là !

Sylvain - Y'en a marre, Cath. On n'est pas là pour parler de ce qu'on pensait mais de ce qu'on pense aujourd'hui.

Ingrid - Non, on est là pour faire du théâtre… Sylvain… *(Elle se lève et se met en position de reprendre la répétition. Il la rejoint. Silence.)* Il nous faut Sylvestre. *(Elisa monte sur scène. Un temps.)* « Hélas ! Tu ne sais pas pourquoi je suis inquiet. »

SYLVAIN - « Non, mais tu vas me le dire. Et je peux te consoler, je m'intéresse aux histoires des jeunes. »

INGRID - « Ah ! Scapin ! Si tu pouvais trouver un truc, imaginer un plan pour me sortir de cette mouise, je te devrais plus que la vie. »

SYLVAIN - « En réalité, il y a peu de choses qui me soient impossibles quand je veux m'en mêler… »

NOIR

ACTE II
SCÈNE 1

Etienne est revenu et est assis dans la salle. Argante est joué par Luc, et Géronte par Thierry. Nous sommes à la répétition de l'acte II, scène 1. Ensuite, Géronte est repris par Hélène, et Léandre, par Valérie.

Luc *(le texte à la main)* - « Sans doute, et je serais furax s'il m'avait fait ça ! »

Thierry - « Et si ce fils que vous avez, en brave paternel, si bien éduqué, s'il avait fait encore pire que le mien, hein ? »

Luc - « Comment ? » *(Il se retourne du mauvais côté.)*

Etienne - Ton demi-tour !

Luc - Oui, heu… *(Il recommence.)* « Comment ? »

Etienne - O.K. !

Thierry - « Comment ? » *(Comme s'il lui posait lui-même la question.)*

Etienne - Non, mais Thierry, il lui pose pas la question, là, il l'imite pour se foutre de lui !

Thierry - Ah oui… *(Il recommence.)* « Comment ? »

Luc - « Qu'est-ce que ça veut dire ? »

THIERRY - « Ça veut dire, Géronte, qu'il ne faut pas condamner si vite la conduite des autres, et que ceux qui jactent doivent bien regarder s'il n'y a rien qui cloche chez eux. »

LUC - « Je comprends rien. »

THIERRY - « On vous expliquera. »

LUC - « Est-ce que vous auriez entendu causer de mon fils ? »

THIERRY - « Possible. »

LUC - « Et quoi encore ? »

THIERRY - « Votre Scapin, comme j'étais furibard, ne m'a parlé qu'en gros, et vous pourrez apprendre les détails par lui. Pour moi, je vais vite zieuter un avocat et réfléchir aux mesures que je peux prendre. Sal' ! »

ETIENNE - Noir. Bon, c'est pas mal. Il faudrait quand même que tu répètes sans le texte, Luc.

LUC - Pas eu le temps de l'apprendre.

VALÉRIE - T'as jamais le temps de rien, toi.

GÉRALDINE - Sauf de draguer les minettes.

ANNE - Bon, on pourrait pas la reprendre avec moi dans le rôle d'Argante ?

ETIENNE - Non, on a dit que c'était Thierry dans cette scène, c'est Thierry.

ANNE - Mais il le joue pas assez vieux, ce bonhomme !

ETIENNE - C'est pas à toi de le dire.

INGRID - T'es le metteur en scène, maintenant, Anne ?

ANNE - Merde.

ETIENNE - Hé ! vous allez pas recommencer ?! Je commence à en avoir marre, moi, de vos conneries.

ROMANE - Dis donc, vieux, tu te fous de nous ? On bosse, là !

ETIENNE - Ah ouais ? Et si t'apprenais ton texte, toi, tu crois pas que t'aurais la parole, après ?

ROMANE - Ah ! parce que maintenant on n'a plus le droit de parler quand on veut, ici ? Il y a des conditions ?

HÉLÈNE - Oh ! vous allez pas remettre ça…

ETIENNE - Non, on va rien remettre du tout. On enchaîne. Acte II, scène 2, Géronte et Léandre.

CATHERINE, VALÉRIE, THIERRY ET HÉLÈNE - Lesquels ?

HÉLÈNE *(à Thierry)* **-** Moi, patate ! Tu viens de jouer !

GÉRALDINE - Ils vont rien comprendre. Ils vont rien comprendre… C'est impossible de comprendre, alors je vois pas comment ils vont comprendre…

THIERRY - Lâche-nous, Géralde, tu veux ?

ETIENNE - Bon, c'est Hélène et… Catherine.

VALÉRIE - Ah ouais ? Et pourquoi ce serait pas moi ? Je te signale que je l'ai appris, moi, le texte.

GÉRALDINE - Tu nous chauffes.

SYLVAIN - Bon, allez ! Arrête de jacter, Valoche. Il a dit c'est Cath, alors c'est Cath.

VALÉRIE - Ben, je vois pas ce que je suis venu foutre à cette répétition. J'ai une dissert à faire pour demain, j'ai mieux à faire que vous regarder vous éclater.

GÉRALDINE - Et nous, avec Clém, tu nous vois chialer ? On n'a même pas eu une scène encore !

ETIENNE - Bon, allez-y.

LUC - Mais, on la reprend pas la scène 1 ?

ROMANE - Ça va, on l'a vue ta tronche.

LUC - Tu sais que je t'aime, toi, quand tu me dis des mots doux ?

ETIENNE *(soupirant)* **-** Bon, allez-y. Au début, Géronte est seul, il se pose des questions à lui-même. Léandre, il arrive en courant, pensant que Scapin a arrangé ses affaires, et il va apprendre que l'autre malin l'a roulé.

GÉRALDINE - Super, on a des explications de texte, maintenant !

LUC - Tu veux un bouchon pour fermer ton goulot ?

GÉRALDINE - Ras-le-bol.

HÉLÈNE - « Qu'est-ce que ça pourrait être, cette histoire ? "Pire que le sien." Moi, je vois pas ce qu'on pourrait faire de pire que de se marier sans que son père soit d'acc. Ça c'est franchement glauque !… Ah ! te voilà ! »

> *Catherine papote avec Luc qui n'est pas descendu de scène. Elle n'arrive pas.*

THIERRY - Hé ! la mongolienne ! Tu te pointes ou quoi ?

> *Toujours rien.*

TOUS - Hé !

ETIENNE - Oh ! Cath !… Tu roupilles, là ?

CATHERINE - Oh ! pââârdon ! Je m'entretenais avec Luc !

GÉRALDINE - Elle « s'entretient », maintenant ! Non, mais on rêve !

ROMANE - Vous commencez à me gonfler sévère !

ANNE - Oui, mais si vous les arrêtez tout le temps, vous aussi…

INGRID - Mais v'là qu'elle s'y met, la sainte nitouche !

ANNE - Non, mais je dis juste que c'est pas parce qu'elle a deux secondes de retard sur votre délire speed que vous êtes obligés d'en faire un fromage !

SYLVAIN - Oh! mais bouclez-la, les filles! J'ai la tête en travaux, moi!

ETIENNE - Ouais, Sylvain a raison. On reprend. Hélène…

HÉLÈNE - Ouais. *(A Catherine.)* Hé! t'es réveillée? On peut y aller?

CATHERINE - Oui, eh bien, je te signale que moi, je connais mon texte! Moâ!

ETIENNE - Je vais me tirer…

THIERRY - On dirait des mômes!

ANNE - Peut-être mais, quand c'était avec Pascal, on se parlait pas comme ça.

VALÉRIE - Tu m'énerves avec ton Pascal, toi!

ANNE - Toi! Mais t'es née avec les nerfs posés sur la peau, toi! Ils attendaient que ta naissance pour sauter en l'air, alors…

HÉLÈNE - BON! JE REPRENDS! « Qu'est-ce que ça pourrait être, cette histoire? "Pire que le sien." Moi, je vois pas ce qu'on pourrait faire de pire que de se marier sans que son père soit d'acc. Ça c'est franchement glauque!… *(A Catherine.)* Ah! te voilà! »

CATHERINE - « Ah! mon vieux! C'est fun de te voir! »

GÉRALDINE - Fun…

HÉLÈNE - « Molo… Parlons de choses sérieuses. »

CATHERINE - « Attends, j'te bisouille, et… »

GÉRALDINE - Bisouille…

HÉLÈNE - « Basta, j'te dis! »

CATHERINE - « Quoi, tu veux pas que je te bise? »

GÉRALDINE - Que j'te bise…

HÉLÈNE - « Non, on a un truc à régler ensemble. »

CATHERINE - « Quoi ? »

HÉLÈNE - « Regarde-moi, que j'te zieute droit dans les mirettes. »

GÉRALDINE - Zieute… Mirettes… N'importe quoi !

CATHERINE - Ça te gêne pas trop, non, qu'on répète ? Non, parce que tu le dis, hein !

GÉRALDINE - Quoi !?

ETIENNE - Elle a raison ! T'arrêtes pas de bougonner. Qu'est-ce que t'as ?

GÉRALDINE - C'est crétin, cette traduc.

SYLVAIN - On a dit qu'on faisait une adaptation ! Tu sais pas ce que c'est, une adaptation ?

ANNE - Oh non ! Ils vont remettre ça…

THIERRY - Géralde, tu voudrais pas la fermer un peu, non ?

Derrière, Ingrid et Elisa papotent et rient fort.

ETIENNE - Et vous, là, vous pouvez pas la boucler aussi ? C'est pas une boîte de nuit, ici ! On s'entend plus !

ELISA - Qu'est-ce qu'il nous fait, lui ? Un caca nerveux ?

ETIENNE - Je vais me tirer…

ELISA - Non mais c'est vrai, quoi… Tu te prends pour Pascal ou quoi ? Tu ne me parles pas comme ça, O.K. ?

ETIENNE - Je vais me tirer bientôt…

ELISA - Après tout, on peut la monter sans toi cette pièce !

ETIENNE - Je me tire. Fin de la répète. *(Il sort.)*

CATHERINE - Oh! c'est pas vrai! Juste au moment où je commençais à bien entrer dans le personnage!

HÉLÈNE - Arrête de jouer les stars, Cath!

CATHERINE - Non, mais parce que moâ, j'ai joué dans un film, moâ, l'an dernier! Et j'avais le premier rôle, moâ, l'an dernier! Et c'était pas facile de rentrer dans le personnage, vous voyez!…

ANNE *(à Elisa)* - Tu pouvais pas la boucler, toi?

ELISA - Il avait qu'à pas me faire chier, lui aussi!

LUC - Bon… ben, moi, je suis obligé d'attendre ici. Mon père vient me chercher à neuf heures, pas avant.

HÉLÈNE - Moi pareil…

SYLVAIN - Moi, j'ai ma Sylvomobile, mais je vais attendre avec vous.

ROMANE - C'est quoi, ta « Sylvomobile »?

GÉRALDINE - Sa bécane.

Au fur et à mesure, ils montent sur scène et papotent.

ELISA - Bon… ben, moi, je suis crevée. J'ai eu mon entraînement de rugby, hier.

THIERRY - Tu fais du rugby, toi?

ELISA - Ben, ouais, parce que figure-toi…

Le noir se fait petit à petit sur les jeunes qui parlent entre eux, dans un brouhaha de plus en plus dense.

NOIR

Scène 2

Etienne est seul dans la salle. Il écrit l'adaptation, le livre des « Fourberies de Scapin » à la main.

ETIENNE - « Hyacinte : Un tel ordre n'a rien qui ne me soit fort agréable. » Hum… Bon, ça veut dire quoi, ça ? Elle trouve ça bien ou pas, la fille ? Merde. « Un tel ordre n'a rien qui ne me soit pas agréable. » Non, ça doit lui faire plaisir. Alors… « Un tel ordre me fait plaisir… » Non. « Un ordre comme ça me fait sauter au plafond… » Non… Heu… Bon. *(Il écrit.)* « Je reçois avec joie une compagne de la sorte, et il ne tiendra pas à moi… » Je comprends rien. *(Il referme le livre.)* Et puis je me demande bien pourquoi je me prends la tête pour ces crétins. *(Il bâille et met sa tête entre ses bras.)*

GÉRALDINE *(entrant)* - Etienne ? Etienne ? Tu dors ?

ETIENNE - Non, je bosse.

GÉRALDINE - La tête dans tes bras ?

ETIENNE - Ouais, je réfléchis.

GÉRALDINE - A quoi ?

ETIENNE - A cette foutue pièce. Faut que je finisse et je comprends rien.

GÉRALDINE - Où t'étais jusqu'à la fin de la répète ?

ETIENNE - Dans la cour, derrière.

GÉRALDINE - Je pensais bien que t'étais pas parti !

ETIENNE - J'ai la clé, je dois fermer derrière vous.

GÉRALDINE - C'est pas facile, hein ?

ETIENNE - C'est le moins qu'on puisse dire.

GÉRALDINE - Tu vas tenir le coup ?

ETIENNE - Faudra. Mais je commence à comprendre pourquoi Pascal n'arrêtait pas de gueuler. C'est infernal comme ambiance.

GÉRALDINE - Et encore, Pascal, il avait plus d'autorité que toi. C'était le chef établi, normal, l'adulte.

ETIENNE - Je sais pas si j'ai envie de me fâcher avec tout le groupe, tout ça pour cette pièce. Ça fait des années que ça se passait bien, à l'atelier.

GÉRALDINE - Bon, faut que je parte. Mon père va me trucider si je rentre trop tard.

ETIENNE - Ouais, salut Géralde.

GÉRALDINE - Ciao.

Elle sort. Etienne se remet à son bouquin. Anne entre doucement après un temps.

ANNE - Etienne ?

ETIENNE - Ouais ?

ANNE - Je voulais te dire… C'est pas cool ce qu'on est en train de faire, tous.

ETIENNE - Je sais. C'est moi qui subis. Mais c'est normal, Anne.

ANNE - Confrontation avec l'autorité.

ETIENNE - Ouais. De quoi ça causait, tout à l'heure, après mon départ ? De ma mort ?

ANNE - Non. De tout, de rien. Et puis, après, de Pascal. Comme on l'aimait bien.

ETIENNE - Ben, ouais, mais regarde ce qu'on lui a fait subir.

Anne - Ouais. Je crois qu'on en est tous conscient.

Etienne - Qu'est-ce que tu fais encore là ?

Anne - Je ne sais pas. J'habite à côté. J'ai pas envie de rentrer… Et toi ?

Etienne - J'avance l'adaptation.

Anne - Pas facile ?

Etienne - Non. Tu sais, quand Pascal nous a fait sa scène, l'an dernier… quand il a appelé les parents… on était tous furax, on le trouvait vraiment ringard, nul et tout…

Anne - Ouais…

Etienne - Bof, rien. C'est tant pis pour nous.

Anne - Ouais. Tu veux que je t'aide ?

Etienne - Pourquoi pas ? Tiens, qu'est-ce que t'en penses, là ? Elle est contente ou pas ?

NOIR

Scène 3

Répétition avec les accessoires.

Elisa - « Oui, vos chéris ont décidé entre eux que vous alliez habiter ensemble, et nous on fait ce qu'ils nous ont dit. »

Clémentine - « Un ordre comme ça me fait hurler de joie. Je suis super contente d'avoir une compagne comme elle… »

GÉRALDINE - « J'accepte la proposition et je ne suis pas du genre à refuser l'amitié. »

SYLVAIN - « Et l'amour ? »

GÉRALDINE - « Pour l'amour, c'est autre chose ; on court des risques et je ne suis pas très courageuse dans ce domaine. »

SYLVAIN - « Mais si, tu l'es, je pense. Envers mon maître, et… »

ETIENNE - Attends. Sylvain, il faut que tu sois plus… sautillant. Que tu sois plus gai, plus sûr de toi. Il faut que ce Scapin, il ait la pêche !

SYLVAIN - Ouais, mais je suis claqué.

ETIENNE - J'veux pas le savoir. Tu sautilles, c'est tout. On joue dans un mois.

SYLVAIN - Fais chier ! On répète deux fois par semaine, en ce moment. Je te vois plus, toi, que ma propre mère ! D'ailleurs, je bosse mon bac en ce moment, je sais pas si tu es au courant…

ETIENNE - C'est la vie, mon pote. Faut savoir ce que tu veux.

SYLVAIN - On peut pas répéter une autre scène ?

CLÉMENTINE - Eh, non ! Pour une fois qu'on entre en scène…

GÉRALDINE - C'est vrai, quoi ! On n'entre qu'à l'acte III et tu veux qu'on squeeze notre scène ? Non, mais tu rêves mon vieux !

SYLVAIN - O.K., O.K… Je suis en minorité.

ETIENNE - Bon, on reprend. Et Sylvain…

SYLVAIN - Ouais, je sais : « sautillant »…

ETIENNE - Gagné. En place ! Elisa…

ELISA - « Oui, vos chéris ont décidé entre eux que vous alliez habiter ensemble, et nous, on fait ce qu'ils nous ont dit. »

CLÉMENTINE - « Un ordre comme ça me fait hurler de joie. Je suis super contente d'avoir une compagne comme elle… »

INGRID - On t'a dit contente, on t'a pas dit hystérique…

CLÉMENTINE - Ta gueule.

GÉRALDINE - « J'accepte la proposition et je ne suis pas du genre à refuser l'amitié. »

SYLVAIN - « Et l'amour ? »

LUC - Qu'est-ce qui bouge le cul des Andalouses ?

TOUS - C'est l'amour ! *(Rires.)*

Les comédiens sur scène s'arrêtent net. Etienne se retourne. Silence pesant.

THIERRY - Oups !

ETIENNE - Non, mais vous vous foutez de moi ou quoi ?! Lequel d'entre vous peut dire qu'il connaît son texte assez bien pour pouvoir mettre le boxon dans une répète à un mois du spectacle ?

CATHERINE - Moâ !

INGRID - Toi, ferme-la ! On n'en peut plus de t'entendre crâner !

CATHERINE - Dis donc, ma vieille, je roucoule pas, moi, pendant les répètes, alors…

LUC - Attends, attends… Qu'est-ce que tu veux dire, toi, l'abrutie ?

CATHERINE - Je dis ce qui me plaît et je t'emm…

LUC - Et mon poing sur ta tronche, ça te plairait ?

ANNE - Oh ! il se calme, lui ?

THIERRY - T'en mêles pas, Anne.

ANNE - Et toi, de quoi je me mêle ?

ELISA - Eh, non ! Mais vous avez pas fini ?

ANNE - N'empêche que Pascal, il aurait jamais…

ELISA - ON A DIT QU'ON PARLAIT PLUS DE PASCAL ! T'ES BOUCHÉE ?

HÉLÈNE - Hé là ! Mollo, les mecs ! On va pas s'entretuer…

LUC - Non, mais elle commence à me porter sur les nerfs, la star, là !

CATHERINE - Je serai star que tu seras encore en train de balayer les rues, pauvre crétin !

> *Luc se jette sur Catherine, Thierry se lève et cherche à les empêcher, mais Hélène se dresse entre eux et c'est la bagarre générale… en essayant de ne pas frapper le public qui n'y est pour rien, lui…*
> *Sylvain saute de la scène et va se mêler à la bagarre pour tirer Luc et Thierry hors de la salle. Catherine s'agrippe à Ingrid, qui la sort en se débattant tandis que les autres, sauf Géraldine, Etienne, Elisa et Clémentine, sortent pour voir la bagarre dehors.*
> *Tous sont sortis. Un silence.*

ETIENNE - Bon, je vais annuler le spectacle. *(Silence.)*

ELISA - Fais pas ça, tu vas les mettre encore plus en rage.

CLÉMENTINE - Et je crois qu'ils ont leur dose…

GÉRALDINE - Et nous aussi.

ETIENNE - Bon, qu'est-ce qu'on fait alors ?

ELISA - Ben, on répète une scène où on n'est que nous seuls.

ETIENNE - Heu… Acte III, scène 4, Sylvestre et Zerbinette ?

GÉRALDINE - O.K.

ELISA - Bon, on est où déjà ?

37

ETIENNE - Géraldine traverse la scène et tu la rejoins pour l'arrêter…

GÉRALDINE - J'entre de la cour ou du jardin ?

ETIENNE - Cour.

GÉRALDINE - O.K.

ELISA - « Où est-ce que vous allez ? Savez-vous que vous venez de parler au père de votre amant ? »

GÉRALDINE - « Je viens de m'en douter et je viens de lui raconter, sans y penser, sa propre histoire. »

ELISA - « Comment, son histoire ? »

NOIR

SCÈNE 4

Ingrid, Hélène et Valérie, des yeux au beurre noir et l'air épuisées, sont dans la salle, désertée.

INGRID - Mais c'est pas vrai ! Qu'est-ce qu'il fout mon père ?

HÉLÈNE - Oh ! moi, je préfère qu'il ne me voie pas comme ça…

VALÉRIE - Moi je vais me faire tuer. C'est simple : je suis morte.

HÉLÈNE - Mais qu'est-ce que tu avais besoin d'intervenir, aussi ?

VALÉRIE - Ben, j'ai pas eu le choix ! Quand Sylvain m'a envoyé un direct du gauche, mon instinct m'a dicté de lui en renvoyer un…

INGRID - C'est vraiment n'importe quoi…

HÉLÈNE - Tu l'as dit…

INGRID - On peut pas continuer comme ça…

HÉLÈNE - Tu l'as dit…

VALÉRIE - Ben, oui, mais qu'est-ce qu'on peut faire ?

INGRID - Moi je crois que ça vient d'Etienne. Il est pas cool, Etienne…

HÉLÈNE - Tu l'as dit.

VALÉRIE - Arrête.

HÉLÈNE - Quoi ?

VALÉRIE - Non, rien, rien…

HÉLÈNE - Le problème c'est qu'après un coup comme ça, l'Etienne, il aura annulé le spectacle.

INGRID - Pas vraiment tort quand même.

VALÉRIE - Pourquoi ?

INGRID - On sera jamais prêts.

HÉLÈNE - T'es d'un défaitisme !

VALÉRIE - De toute façon, si c'est à cause d'Etienne et qu'on veut la monter, cette pièce, alors c'est simple : on vire Etienne.

HÉLÈNE - Eh ben, voilà !

INGRID - Voilà quoi ?

HÉLÈNE - La solution. On vire Etienne et on finit la mise en scène comme on l'entend.

INGRID - Quoi, la mise en scène ? Elle est déjà faite, la mise en scène !

HÉLÈNE - Encore mieux ! On n'a plus besoin de lui !

VALÉRIE - Bon, on demande leurs avis aux autres et on y va.

HÉLÈNE ET INGRID - OK.

NOIR

SCÈNE 5

Etienne n'est plus là. Le groupe répète sans lui. On répète la scène de Scapin, avec Géronte sous un drap.

LUC - « Laisse-moi faire, je saurai me tenir… »

SYLVAIN - « Cachez-vous ici, voilà un soldat qui vous cherche… – Quoi ! Jé n'aurai pas l'abantage dé tuer cé Géronte et nobody né mé dira où il est ? *(A Luc.)* – Ne vous montrez pas. Oh ! l'homme au sac ! – Mec ? – Jé té donne un euro, et tu me dis où jé pé pécho Géronte. – Vous cherchez le seigneur Géronte ? – Oui. Jé lé cherche. – Et pourquoi, mec ? – Pour qué ? – Ouais. – Jé beux lé faire créver sous les coups dé vâton. – Oh ! Monsieur… »

GÉRALDINE - T'es crédible, ça fait peur !

SYLVAIN - Ben, quoi ?

INGRID - Géralde a raison, on n'y croit pas à ton truc…

HÉLÈNE - Et puis tu bouges pas !

THIERRY - Ouais, on s'endort, là !

40

Sylvain - Ouais, ben moi, je suis crevé, les mecs. Vous passez pas le bac, vous !

Thierry - Tu nous chauffes avec ton bac, Sylvain. T'as choisi le théâtre, tu joues.

Sylvain - Hé ! commence pas à me chercher, toi ! Tu ne te souviens pas du gnon que t'avais la semaine dernière ?

Elisa - Holà ! on s'arrête ! Sylvain, reprends et puis c'est tout.

Anne - Dis donc, Elisa, on n'a pas dégagé Etienne pour que tu joues les chefs, O.K. ?

Elisa - Je te signale que j'étais pas d'accord pour qu'on le « dégages », comme tu dis…

Géraldine - Moi non plus. Et d'ailleurs, je trouve que si c'était pour reprendre sa mise en scène et jouer comme des tordus, on aurait pu se garder un copain qu'on avait depuis six ans…

Valérie - Hé ! tu sais qu'on peut aussi te dégager avec, toi ?

Géraldine - Ah oui ? Et comment tu fais Zerbinette, toi, avec ta taille de puceron ?

Valérie - Je vois pas le rapport avec ma taille…

Thierry - Elle a raison, c'est de la méchanceté gratuite…

Luc - Hé ! on pourrait pas abréger les civilités ? Parce que j'étouffe, là-dessous !

Sylvain - Ben, t'es con ou quoi ? T'as qu'à sortir, abruti !

Luc - Oh ! tu changes de ton, Sylvain !

Sylvain - Je prends le ton qui va le mieux à ta nullité, mon pauvre…

Catherine - Non, mais c'est fini là ? On a dit qu'on filait la pièce, et on n'en est qu'à la scène 2 de l'acte III. Alors on finit, et après vous vous lancerez des douceurs.

CLÉMENTINE - N'empêche que c'était quand même plus cool avec Etienne.

ANNE - Etienne, Pascal… On est assez grands pour monter la pièce sans eux.

THIERRY - Absolument. D'ailleurs, c'est ce qu'on ferait si t'arrêtais de jacter, Anne.

HÉLÈNE - Dis donc, t'as personne à qui lécher les pompes, alors tu rentres dans le lard de tout le monde, toi ?

THIERRY - Pourquoi tu dis ça, toi ?

HÉLÈNE - Je dis rien, je constate.

THIERRY - Ben, constate que je connais mon texte mieux que tu ne le sauras jamais, et que c'est pas avec des gens comme toi qu'on va faire avancer le schmilblick.

LUC - Bon, Sylvain, tu reprends ?

SYLVAIN - Ouais. Alors, comment je fais ?

VALÉRIE - T'essaie d'être bon.

SYLVAIN - Va te faire…

TOUS - Abrège !

SYLVAIN - O.K., O.K… « Cachez-vous ici, voilà un soldat qui vous cherche… »

LUC - « Hé ! ducon, ça fait vingt minutes que je suis caché ! »

SYLVAIN - « Quoi ! Jé n'aurai pas l'abantage dé tuer cé Géronte et personne né mé dira où il est ? *(A Luc.)* Bougez pas… »

LUC - « Quinze plombes que je bouge pas… » *(Rires.)*

SYLVAIN - « Jé jure qué jé vais lé pécho ! Même s'il sé cachait dans le centre de la terre ! *(A Luc.)* Ne vous montrez pas. »

Luc - « Ça risque pas je suis mort, là. » *(Rires.)*

Sylvain - « Oh ! L'homme au sac ! – Mec ? – Jé té donne un euro, et tu me dis où jé pé pécho Géronte. – Vous cherchez le seigneur Géronte ? – Ouais. Jé lé cherche. – Et pourquoi, mec ? – Pour qué ? – Oui. – Jé beux lé faire créver sous les coups dé vâton. »

Géraldine - Je te signale qu'Etienne avait dit que tu devais bien séparer les deux voix.

Sylvain - C'est pas ce que je fais, là ?

Géraldine - Non.

Sylvain - Et puis merde. Pourquoi je devrais faire ce qu'Etienne avait dit de faire ? Il est plus là, Etienne.

Clémentine - Grâce à qui ?

Thierry - Oh non ! C'est reparti !

Luc - Je veux pas avoir l'air d'être chiant, mais non seulement j'étouffe, mais en plus je vous rappelle qu'on joue dans trois semaines…

Silence inquiet. Puis, doucement, ils montent tous sur la scène.

Sylvain - Vous faites quoi, là ?

Clémentine - Je crois qu'il faut arrêter, là.

Luc - On arrête ? Je peux sortir ?

Thierry - Ouais, sors. Il faut qu'on discute.

Anne - Oui, je crois qu'on a fait une connerie.

Géraldine - Heureuse de vous l'entendre dire.

Ingrid - Faut rappeler Etienne. On s'en sortira jamais.

Elisa - Belle prise de conscience !

43

Luc - Tout le monde peut se tromper.

Hélène - Ouais, enfin, on s'en sortait pas tellement mieux avec lui, mais au moins on avançait.

Clémentine - Attends, c'est pas toi qui as eu cette brillante idée de le remercier?

Thierry - Et si on cherchait pas à qui la faute? On a tous accepté, on est tous responsables. Il faut qu'on aille tous s'excuser auprès d'Etienne.

Géraldine - Pas moi. J'étais pas d'accord, j'ai voté contre.

Catherine - O.K., elle a raison. Elisa, Clémentine et Géraldine n'ont rien à voir avec notre décision. C'est à nous d'aller lui demander de revenir.

Ingrid - Et de bosser sérieusement pour le spectacle.

Sylvain - Alors?

Catherine - On y va tous.

Tous - O.K.

Ils sortent.

NOIR

ÉPILOGUE

Tous sont sur la scène en costumes. On est à la fin du spectacle. Acte final, scène finale, réplique finale.

SYLVAIN - « Et moi, qu'on me porte au bout de la table en attendant que je meure ! »

Noir. Rideau. Les spectateurs applaudissent… Quand le rideau s'ouvre, salut. Puis Sylvain fait s'arrêter la salle.

SYLVAIN - Merci, merci… On voudrait ajouter quelque chose. La pièce que vous avez pu voir ce soir n'aurait jamais dû voir le jour. Il suffit d'avoir vu les répétitions, mais vous ne les avez pas vues…

THIERRY - Pourtant, il faudrait que vous sachiez que ça n'a pas été du gâteau.

LUC - On peut même dire que ça a été l'enfer.

ELISA - Surtout pour notre metteur en scène, que nous aimerions appeler sur la scène pour le remercier.

TOUS - Etienne ! Etienne !

Il descend de la régie et monte sur scène. Ils l'applaudissent.

ETIENNE - Merci ! Mais j'ai moi aussi quelque chose à vous dire. Bien sûr, ça n'a pas été simple de monter cette pièce avec des énergumènes comme ceux-là mais, moi, c'est une autre personne que je voudrais remercier. Au début de l'année, on avait un metteur en scène qui nous faisait répéter depuis six ans et qui nous a tout appris. C'est à lui qu'on doit dire merci, même s'il nous a laissés nous débrouiller tout seuls cette année.

CATHERINE - Et comme on le comprend, maintenant !

ETIENNE - Surtout moi ! Mais, même si on le remercie, je voudrais quand même lui dire un truc, parce que je sais qu'il est dans la salle : Pascal… on a réussi, non ? Alors, mon vieux…

TOUS - … On t'a bien eu !!!

NOIR ET FIN

AVIS IMPORTANT

Cette pièce de théâtre fait partie du répertoire de la Société des Auteurs et Compositeurs Dramatiques, 11 bis rue Ballu 75442 PARIS Cedex 09. Tél. : 01 40 23 44 44. Elle ne peut donc être jouée sans l'autorisation de cette société.

Nous conseillons d'en faire la demande avant de commencer les répétitions.

Imprimé à la demande par Books On Demand GmbH, Bad Hersfeld, Allemagne

3e trimestre 2005
Première édition, dépôt légal : septembre 2005
N° d'édition : 200545
ISBN : 2-84422-482-2